HYAKUNIN ISSHU

Through Pictures And Old Kanas

まえがき

「うた」は「こころ」の音楽です。心のうねりが流麗なリズムを生み、それが口から自然と溢れ出て、やがて優美な紬織となり、人の心を虜にしてしまうものです。「百人一首」は、いにしえの歌人らの心のうねりから生まれた〝心の響き〟の集合体であり、この「響き」に同調できる者のみが味わうことのできる、至福な「刻」の優雅な贈り物です。

このように、日本文学の百花繚乱時代を生き抜いた、王朝歌人の心の珠玉集である「百人一首」を愛でることは、いにしえの日本の心に回帰し、日本人の魂の「核」に触れ、彼らの美意識を再確認することになるのではないでしょうか。

まず声に出して「百人一首」を味わい下さい。口誦することにより、リズムが口の中でまろやかとなり、いにしえの歌人との心の交流がそこに生まれるはずです。そしてついには、現代を生きる読者の皆様が、いにしえの歌人の心の波長とご自分の波長とが重なった時に、自分なりの詩歌の世界が展開され、生きることの素晴らしさに気づかされることでしょう。

本書『視覚で詠む百人一首』は、現代人の息づく現代社会を映し出すと共に、また日本人の感性を再確認ができる本として世に出したいと思い、左記のようなコンセプトに基づいて作成したものです。

How to appreciate this book :

Poems written in old Japanese kana lead you into the fantastic world of the Heian period of one thousand years ago.

Accompanied by art from a modern young painter, the words and images bring the traditional Heian World into your imagination.

I hope these poems and images will encourage your interest in Japanese culture.

1
現代絵師のイメージで『百人一首』の世界を描き、固定した従来の『百人一首』の絵柄にはない「あそび」のイメージを持った絵画による視覚に訴える『百人一首』の絵柄を楽しむ。

2
『百人一首』の歌二十五首を女流書家による仮名文字で表記することで、〝かな文字〟の優美さをも現代人に伝える。

3
この本を通じて、『百人一首』に全くの初心者の方や外国の方に、少しでも日本文化に興味持っていただきたいと思い、一首ごとに英文による簡略な英文要約を付加した。

尚、本書に掲載された二十五首は、『百人一首』の歌の中から、特に視覚に訴える二十五首を選び、読者の皆様に絵画と書を通して、日本文化の遺産でもある「百人一首」を視覚で味わっていただきたいと願います。

二〇一八年一月　富田美知子

目次

四季　春夏

四季　秋冬

恋

雑

Spring & Summer

春夏

六一

伊勢大輔

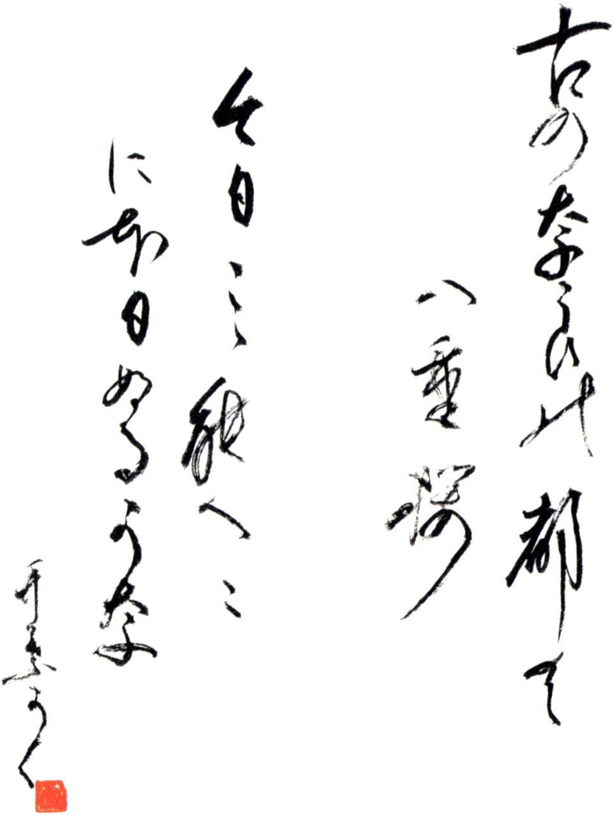

いにしへの
Inisiheno
奈良の都の
Naranomiyakono
八重桜
Yaezakura
けふ九重に
Kyoukokonoeni
にほひぬるかな。
Nihohinurukana

歌意

かつて奈良の都で
咲いていた八重桜が、
いまはこの京都の宮中で、
ひときわ色美しく、
見事に咲き誇っていることですよ！

summary

In the past at Nara, the old capital of Japan,
The double cherry trees used to grow there,
But now this Palace is perfumed with sweet scent
Gracefully and magnificently !!

一五

❖ 光孝天皇

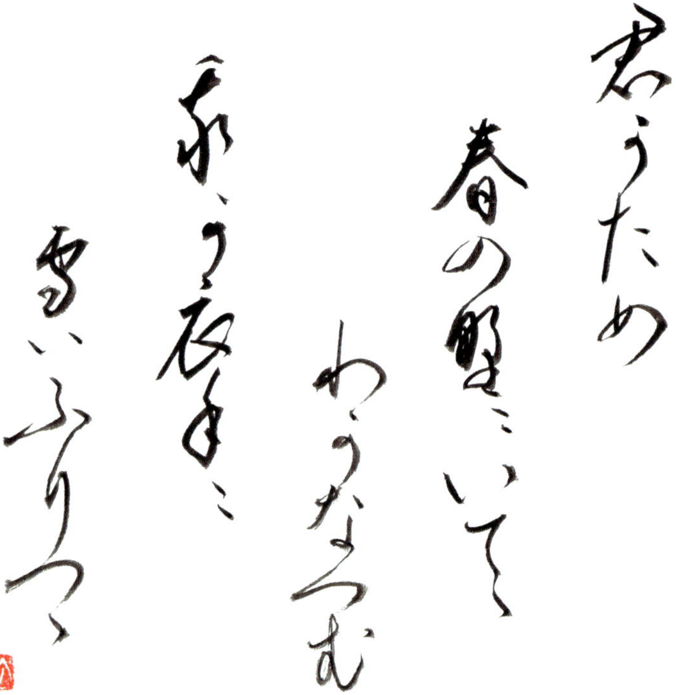

君がため　Kimigatame
春の野に出でて　Harunononiidete
若菜つむ　Wakanatsumu
わが衣手に　Wagakoromodeni
雪は降りつつ　Yukihafuritsutsu

歌意

あなたのために
浅春の野に出かけ、
若菜を摘んでいる。
その私の袖に小雪が
しきりに降りかかってきます。

summary

For the sake of you I have been in the field in spring
To bring you back some fresh green leaves.
And then I found snow falling
On and on over my sleeves.

三五

紀貫之

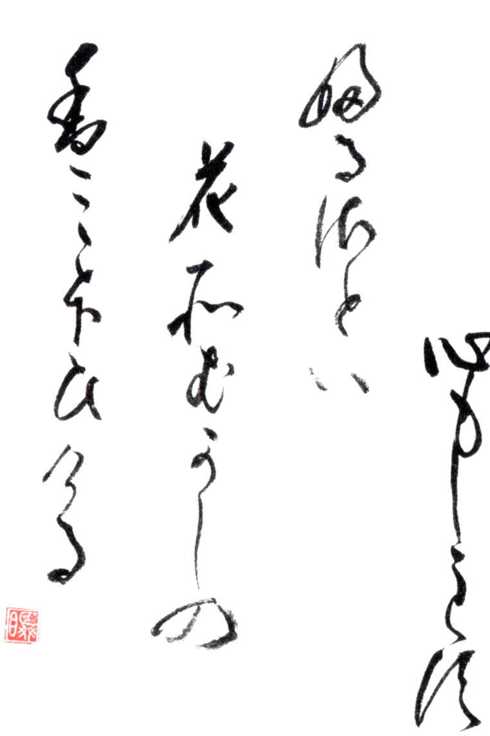

人はいさ
Hitohaisa
心も知らず
Kokoromoshirazu
ふるさとは
Furusatoha
花ぞ昔の
Hanazomukashino
香ににほひける
Kaninioikeru

歌意

あなたはさあどうでしょうかね……
人の心はわかりませんもの。
変わらないものといえば
かつて住んだことのある土地で
同じ薫りを放つあの梅の花だけですよ。

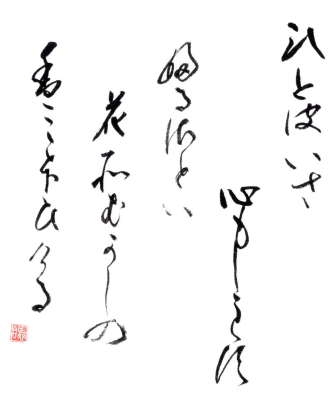

summary

Well, how about you ? Never can I guess what you are thinking.
Because man is inconstant. What is constant is that sweet scent
At the gate of my native village, whose perfume will
Recall my childhood days, I think.

三三

紀友則

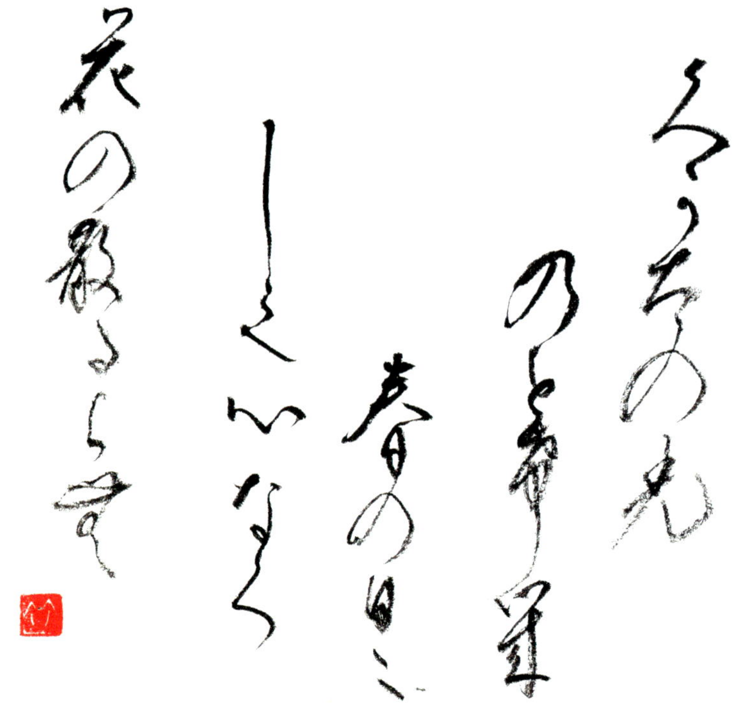

ひさかたの
Hisakatano
光のどけき
Hikarinodokeki
春の日に
Harunohini
静心なく
Shizukokoronaku
花の散るらむ
Hananochiruran

歌意

日の光が穏やかに
降りそそぐ春の日には
桜の花もどこか
落ち着きがなく
散っていることでしょうか？

summary

In spring, when sunlight is gently
Pouring into the field,
Cherry blossoms are out of bloom
As if they drop restlessly.

九

小野小町

花の色は
Hananoiroha
うつりにけりな
Utsurinikerina
いたづらに
Itazurani
わが身世にふる
Wagamiyonifuru
ながめせしまに
Naganeseshimani

歌意

桜の花は春の長雨に打たれているうちに、
すっかり色あせてしまったことですね。
無為に日々を送っているうちに、
私の容色も桜花のように
衰えてしまうことでしょう！

summary

The blossom's tint has been washed away
By a long spell of rainy weather in spring.
My charm and beauty, which I once prized so much, will decline
While I am living vaguely.

二

持統天皇

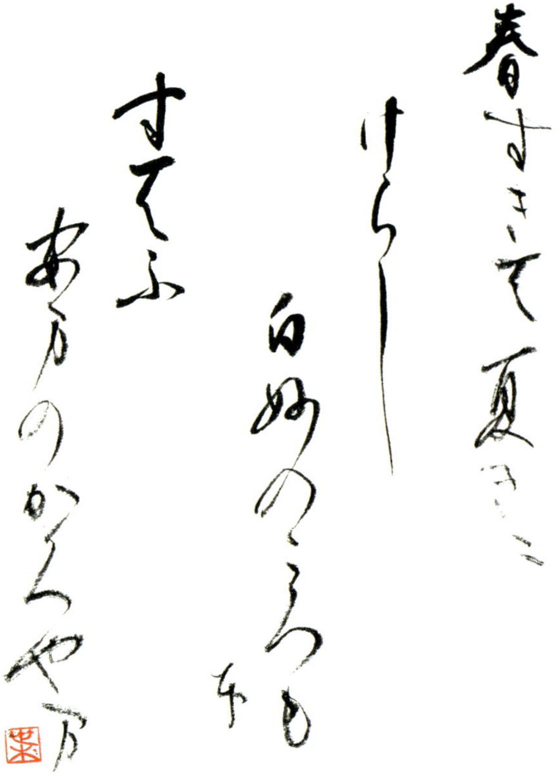

春すぎて
Harusugite
夏来にけらし
Natsukinikerashi
白妙の
Shirotaeno
衣ほすてふ
Koromohosucho
天の香具山
Amanokaguyama

歌意

春が過ぎて
もう夏がやって来たようです。
夏になるとまっ白い衣を干すという
言い慣わしがありますからね、
天の香具山には。

summary

The spring is gone, and it seems that the summer has come.
And so I can catch sight of white robes spreading
On the peak of Amanokaguyama in order to dry.

Autumn & Winter

秋冬

一七

❖ 在原業平朝臣

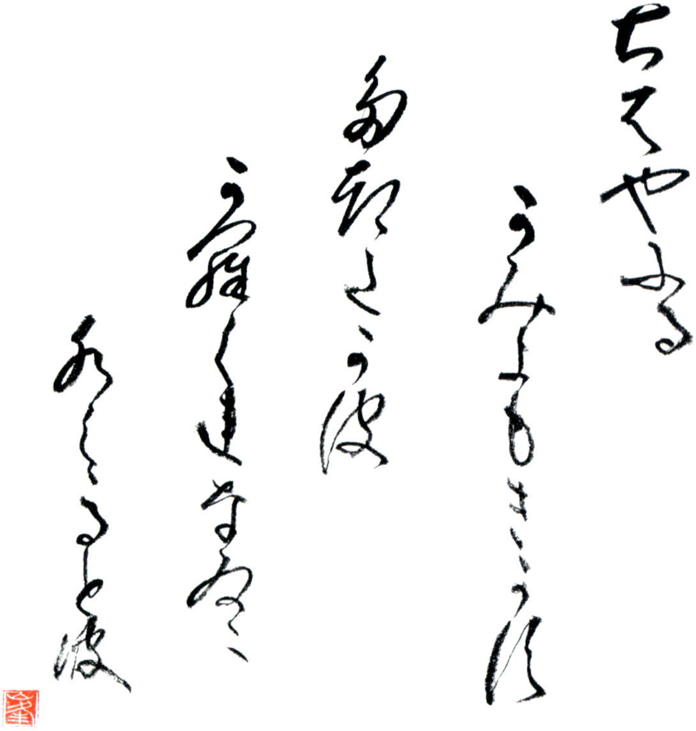

ちはやぶる
Chihayaburu
神代も聞かず
Kamiyomokikazu
竜田川
Tatsutagawa
からくれなゐに
Karakurenaini
水くくるとは
Mizukukurutoha

歌意

不可思議なことの多い神代でも
ついぞ聞いたこともない話ですが、
あの竜田川が紅葉で、
色鮮やかに染まり、ついには
絞り染めになったとのことですよ！

summary

Since the beginning of the world
Nobody has heard the following sweet song:
The Tatsuta's stream was weaved into a graceful girdle
With red leaves like wonderful webs.

五

❖ 猿丸太夫

奥山に
Okuyamani
紅葉踏みわけ
Momijifumiwake
鳴く鹿の
Nakushikano
声きく時ぞ
Koekikutokizo
秋は悲しき
Akihakanashiki

歌意

人里離れた奥山で
紅葉を踏みわけながら
雄鹿が雌鹿に求愛する時の
あの鳴き声を耳にするときこそ、
秋の悲しさが一層感じられる。

summary

From the distant mountains and valleys
I hear the stag calling pathetically,
While setting foot over the maple leaves.
At that time I feel the sadness of deepening autumn.

七〇

❖ 良暹法師

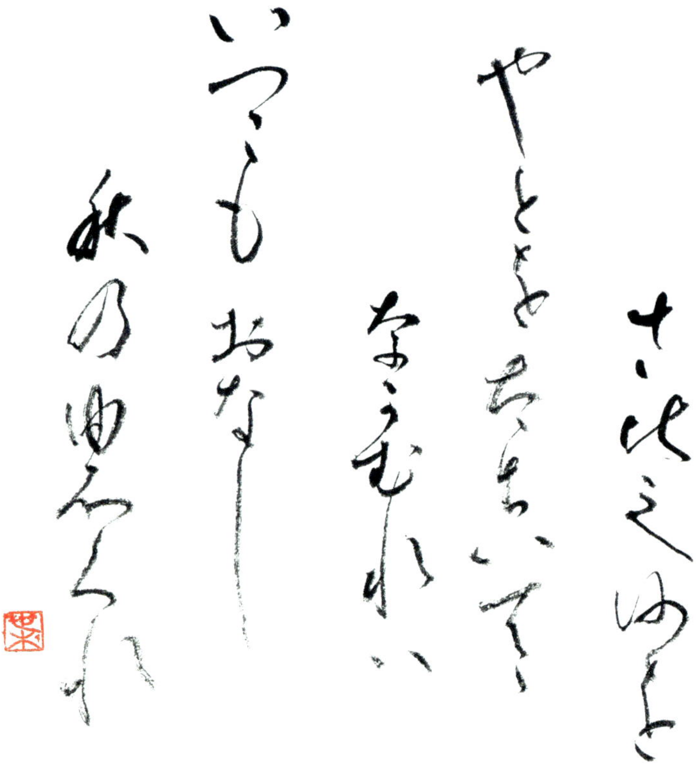

さびしさに
Sabishisani
宿を立ち出でて
Yadowotachiidete
ながむれば
Nagamureba
いづこも同じ
Izukomoonaji
秋の夕暮れ
Akinoyuugure

歌意

寂しさのあまり、
ひとり草庵を出て
あたりを見渡すと
秋の夕暮れはどこも
同じく寂しいものです。

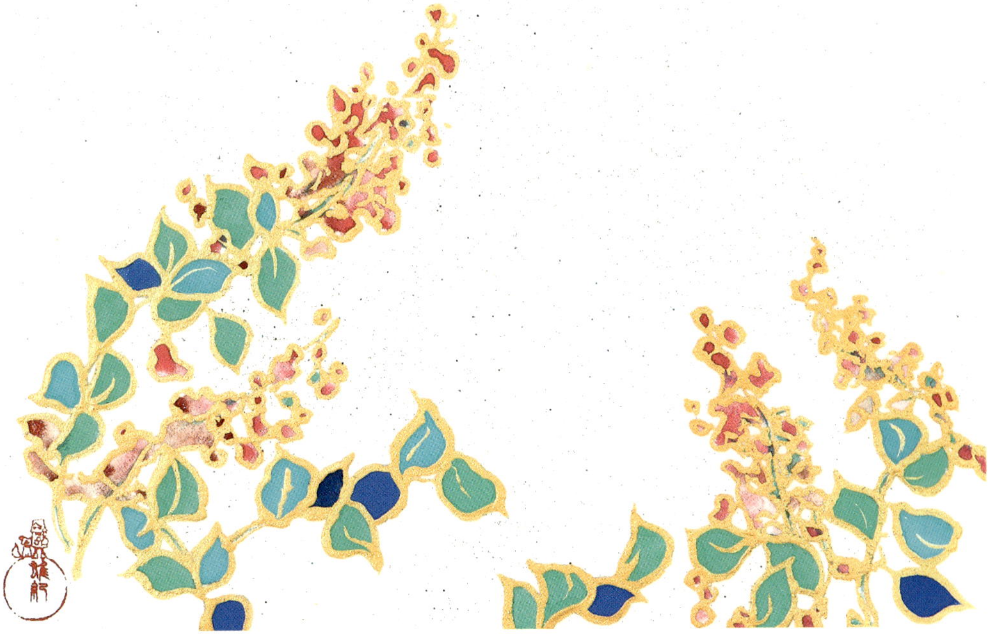

summary

Too much solitude depresses me so much that
I went out of my hermitage to comfort myself.
After looking around I felt much more lonely
At a quiet evening in autumn.

九四

参議雅経

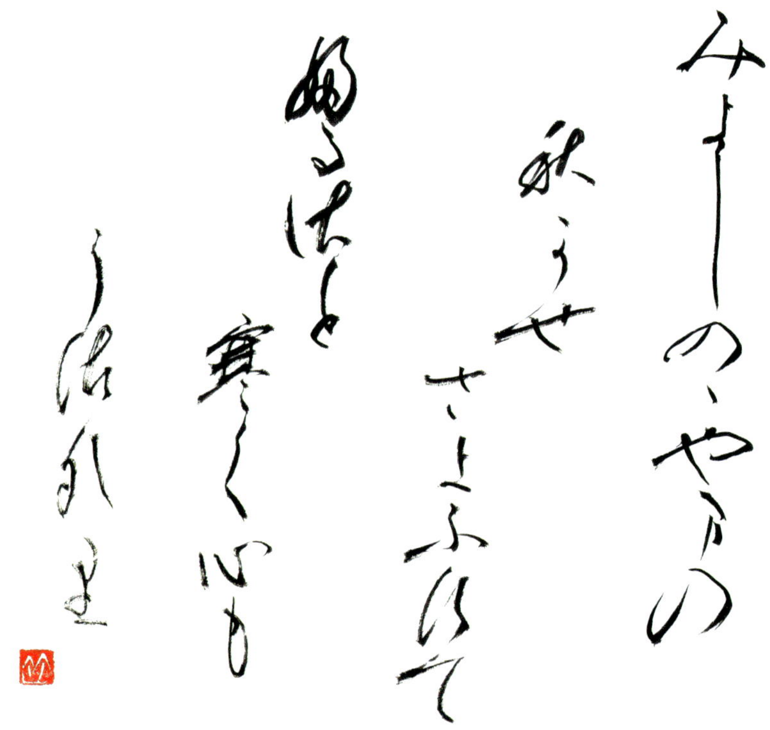

み吉野の
Miyoshinono
山の秋風
Yamanoakikaze
さ夜ふけて
Sayofukete
ふるさと寒く
Furusatosamuku
衣打つなり
Koromoutsunari

歌意

吉野の山に、
秋風が吹きわたる、
そのような夜更けとなると、
吉野の里が一層寂しく寒く感じられる。
衣を打つ砧の音が聞こえてきます。

summary

Around Mt. Yoshino the autumn winds begin
To blow late at night, and then the villagers are
Beating cloth. The sound of it makes us
Feel much colder and drearier.

二九

❖ 凡河内躬恒

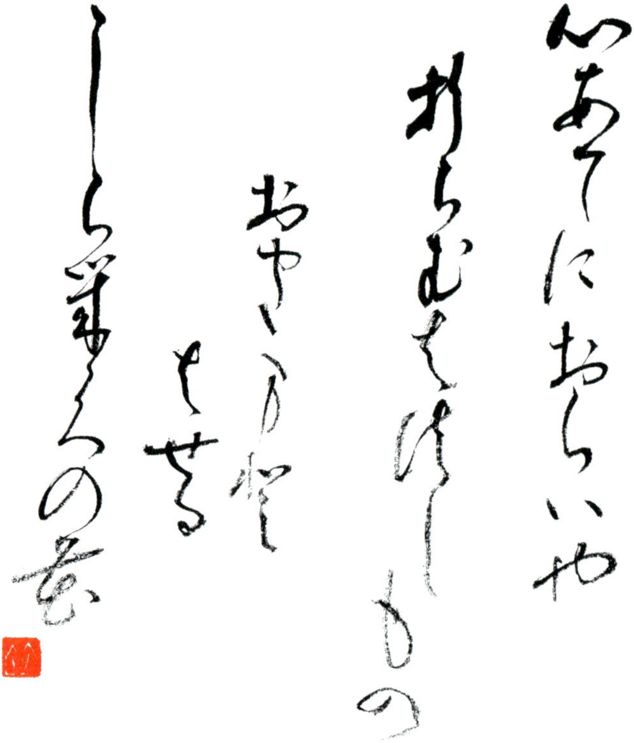

心あてに
Kokoroateni
折らばや折らむ
Orabayaoran
初霜の
Hatsushimono
置きまどはせる
Okimadowaseru
白菊の花
Shiragikunohana

歌意

まあ気まぐれに
折ってみようかしら！そして
初霜の白さと見分けがつかない
いまだからこそ置いてみようかしら！
折られた白菊の花を。

summary

It was very difficult to say
Which one is the white chrysanthemum.
Because they cannot tell it
From the first frost this morning.

四

❖ 山部赤人

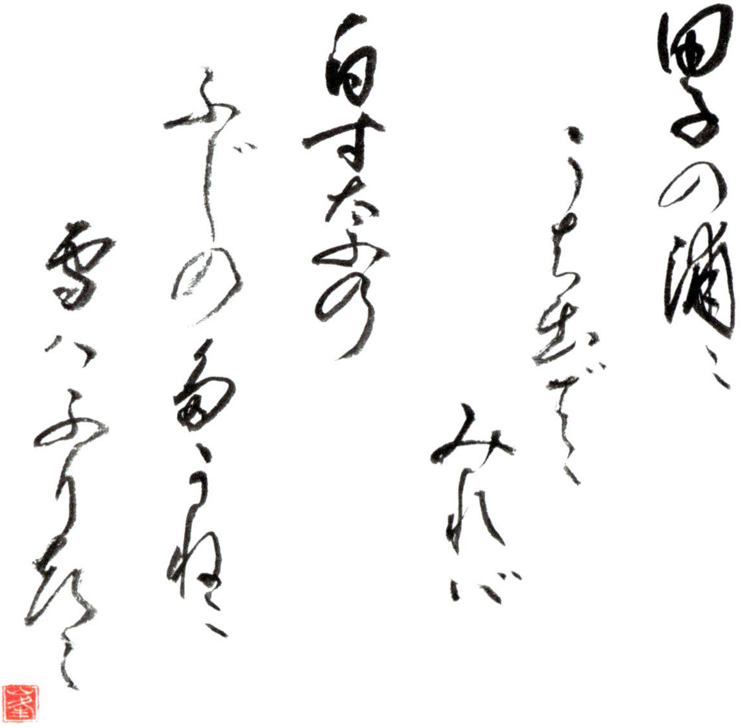

田子の浦に
Tagonourani
うち出でてみれば
Uchiidetemireba
白妙の
Shirotaneno
富士の高嶺に
Fujinotakaneni
雪は降りつつ
Yukihafuritsutsu

歌意

田子の浦に
出てみますと、
真白になった富士の
その高嶺にいま、
雪が降りしきっていることですよ。

summary

The seaside at Tago, along the shore I start off
Then the following view is spread out before me:
Flakes of snow constantly falling
On the peak of Mt.Fuji.

七八

源兼昌

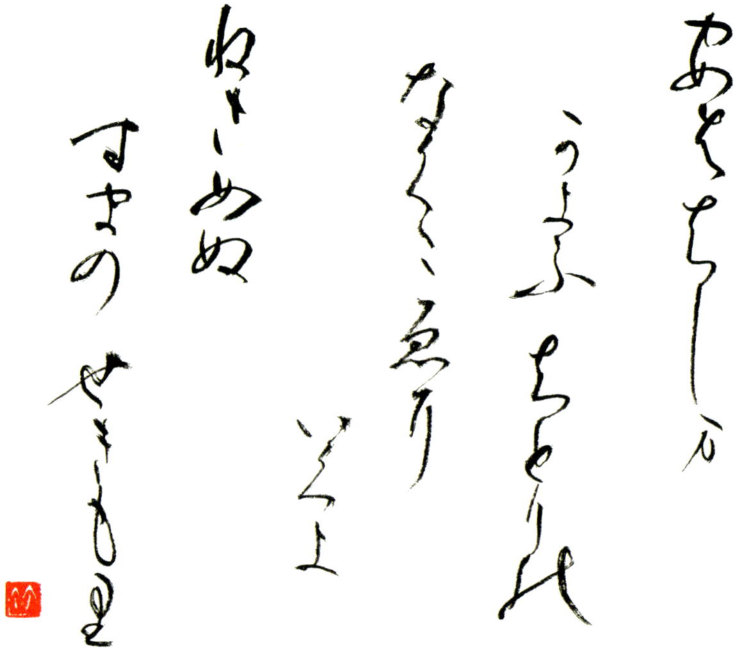

淡路島
Ahajishima
かよふ千鳥の
Kayouchidorino
鳴く声に
Nakukoeni
いく夜寝覚めぬ
Ikuyomezamenu
須磨の関守
Sumanosekimori

歌意

淡路島を往来する
千鳥の鋭いあの鳴き声で
須磨の関守達は
どのくらい多くの夜を
眠れずに過ごしたことでしょう！

summary

The plovers coming and going between Awaji and the shore
Screamed in their flight, I guess.
I wonder how often the guardians at Suma Barrier
Passed so many sleepless nights.

Love

恋

七七

❖ 崇徳院

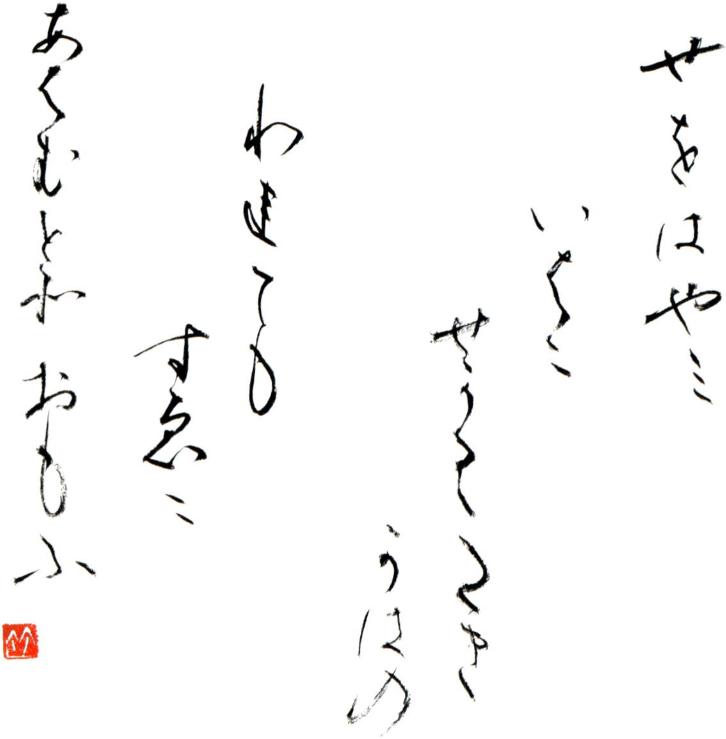

瀬をはやみ
Sewohayami
岩にせかるる
Iwanisekaruru
滝川の
Takigawano
われても末に
Waretemosueni
あはむとぞ思ふ
Awantozoomou

歌意

川瀬の流れが速すぎるので、
岩に堰き止められた急流が
今は二つに分かれ流れてはいるが、
いつかは合流するように、
二人はいつかは逢えることでしょう。

summary

The stream is so rapid that it is
Divided in two by rocks.
After being divided, however, the two will soon
Unite again, I know well.

一八

❖ 藤原敏行朝臣

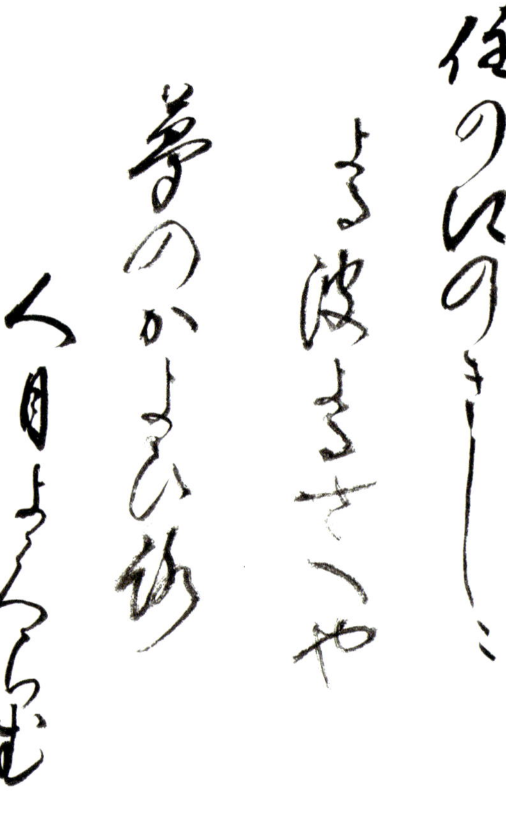

住の江の
Suminoeno
岸による波
Kishiniyorunami
よるさへや
Yorusaeya
夢の通ひ路
Yumenokayoiji
人めよくらむ
Hitomeyokuramu

歌意

住の江の岸には今日も
昼夜を問わず波が寄せてくるのに、
あの人とは夜になっても逢えないのよ。
夢のなかでさえもあの人は、
人目を避けているからでしょうか。

summary

On Suminoye beach the waves draw near day and night.
But tonight my dear never appears.
It may be that even in my dreams
My dear avoids showing himself.

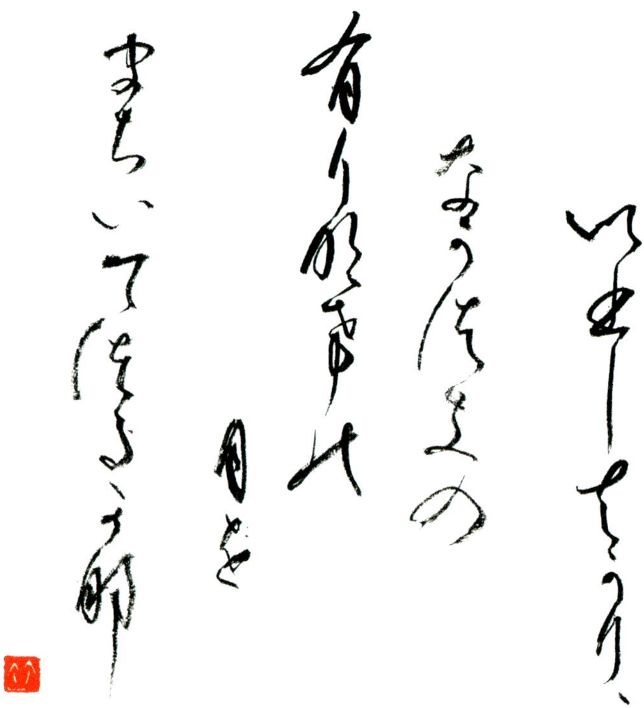

二一

❖ 素性法師

今来むと
Imakonto
言ひしばかりに
Iishibakarini
長月の
Nagatsukino
有明の月を
Ariakenotsukiwo
待ち出でつるかな
Machiidetsurukana

歌意

いまにでも参りますと、あの人が言ったばっかりに、秋の夜長
彼を待ち続けているうちに、
ついには有明の月が
出てきてしまったことなのですよ。

summary

I will surely come to you!! He said to me.
I believed him, and so I have been waiting for him all night
In Autumn. But in vain. It was the moon not he who appeared
Before my eyes in the early morning sky.

四九

大中臣能宣

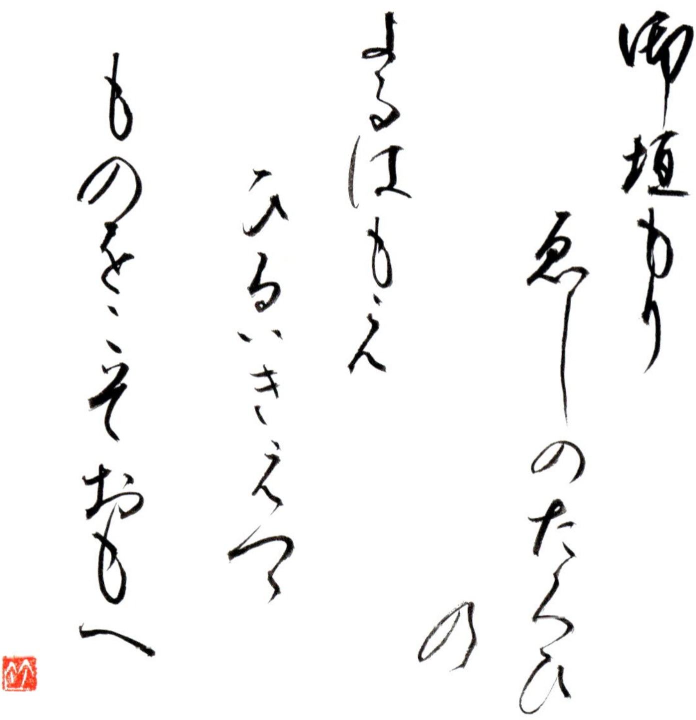

みかきもり
Mikakimori
衛士のたく火の
Ejinotakuhino
夜は燃え
Yoruhamoe
昼は消えつつ
Hiruhakietsutsu
ものをこそ思へ
Monowokosoomoe

歌意

宮中警護の焚く篝火は、
夜は煌々と燃え、昼は消えたかのようです。
私の恋心もそんな篝火のように、
夜は炎のように燃え、昼は下火となるのです。
そんな恋心に悩み続けているのです。

summary

As the Palace Guards made their bright
Watch-fire each night,
So my heart aches for her at night.
I became a little calm at day,
But I never will forsake her.

四三

❖ 権中納言敦忠

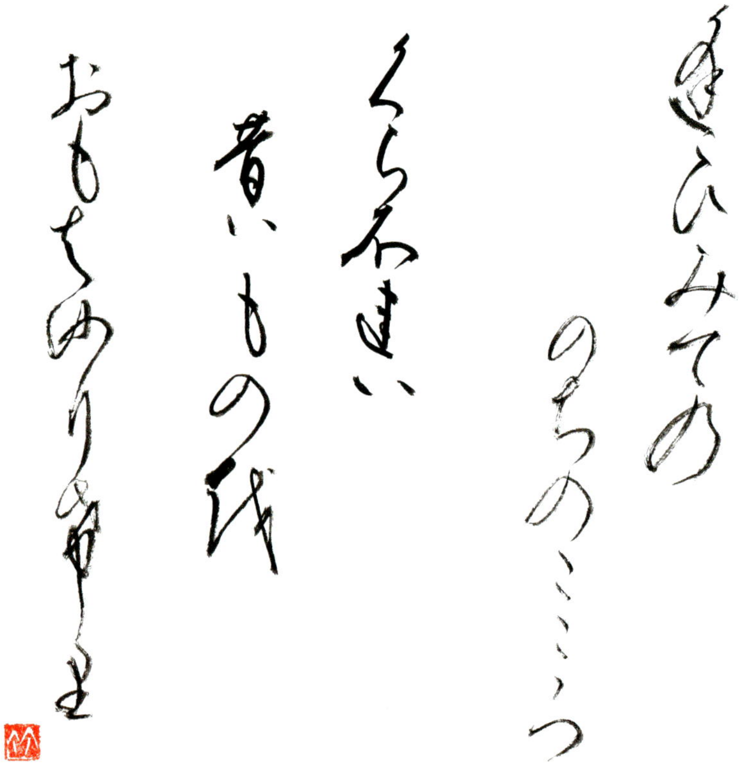

逢ひ見ての
Ahimiteno
のちの心に
Nochinokokoroni
くらぶれば
Kurabureba
昔はものを
Mukashihamonowo
思はざりけり
Omowazarikeri

歌意

やっとの思いで逢瀬を遂げた今の激しい思いに比べると、昔は全く思っていなかったと同然でしたよ、本当に。今の恋心があまりにも深いので！

summary

Now that I chanced to see you
And to be captivated,
I can't help feeling
How easy my former life was.

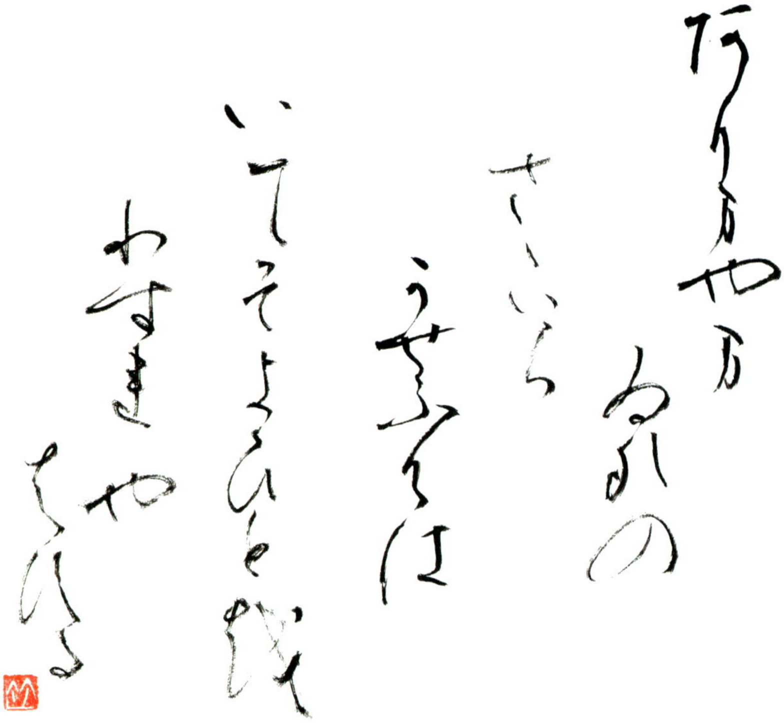

五八

大弐三位

有馬山　Arimayama
猪名の笹原　Inanosasahara
風吹けば　Kazefukeba
いでそよ人を　Idesoyohitowo
忘れやはする　Wasureyahasuru

歌意

有馬山に近い猪名の笹原に、風が吹くと
笹の葉があなたのように
頼りなげにさらさらと音を立てます。
あなたとは違って、意志が強い私ですもの。
あなたのことを忘れたりはいたしませんよ。

summary

Above the moor of Ina at the foot of Mt. Arima
The fickle leaves like you, blow undependably.
But never do I forget you!

雑

Miscellany

一〇

蝉丸

これやこの
Koreyakono
行くも帰るも
Yukumokaerumo
別れては
Wakareteha
知るも知らぬも
Shirumoshiramumo
逢坂の関
Ausakanoseki

歌意

これがまぁ・・・
旅立つ人、帰って来る人、
知る人も見知らぬ人も、
皆ここで別れては逢うという、
あの有名な逢坂の関なのですね！

summary

Oh, this is the most famous 'Ohsaka's barrier'
At this place all kinds of people, who come and go
Before and after travelling, meet and rest a while.

一二

✤ 僧正遍照

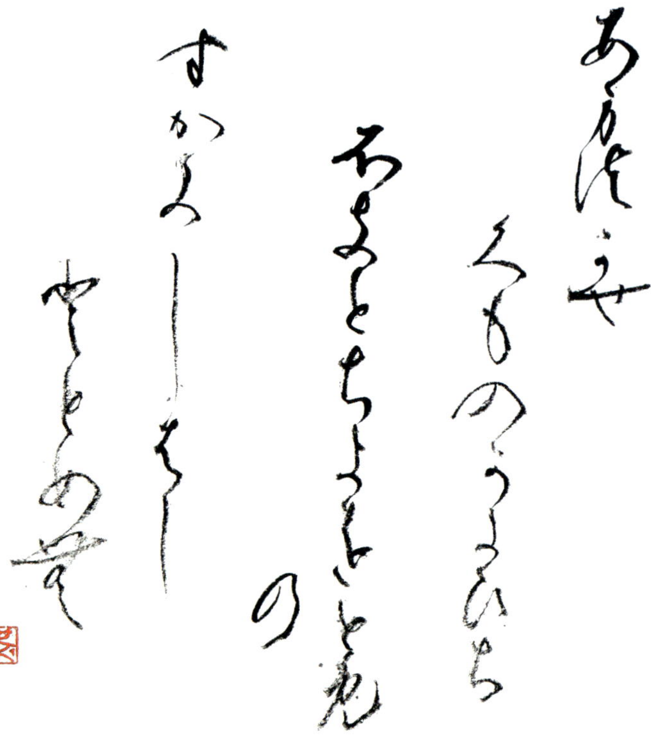

天つ風
Amatsukaze
雲の通ひ路
Kumonokayoiji
吹き閉ぢよ
Fukitojiyo
をとめの姿
Otomenosugata
しばしとどめむ
Shibashitodomen

歌意

空を吹き抜ける風よ、
天への道を塞いでおくれ！
もう少し天女の美しい舞姿を
観たいので、しばらくは天女たちを
この地上に留めてほしいのです。

summary

Oh wind! Please gather clouds into the pathway to heaven,
And prevent fair maids from going home.
Since I wish I could appreciate their beautiful dancing
much more for a while.

三四 ✤ 藤原興風

誰をかも
Tarewokamo
知る人にせむ
Shiruhitonisen
高砂の
Takasagono
松も昔の
Matumomukashino
友ならなくに
Tomonaranakuni

歌意

誰をいったい昔からの、
親友としたら良いのでしょう！
長寿とされ、変わることもない、
あの高砂の松は松であって、
昔の友ではありませんので。

summary

I am wondering who can be my best friends.
Because even this old pine tree, which is considered
To be long of life, is never the same one as before.

七六

❖ 法性寺入道前関白太政大臣

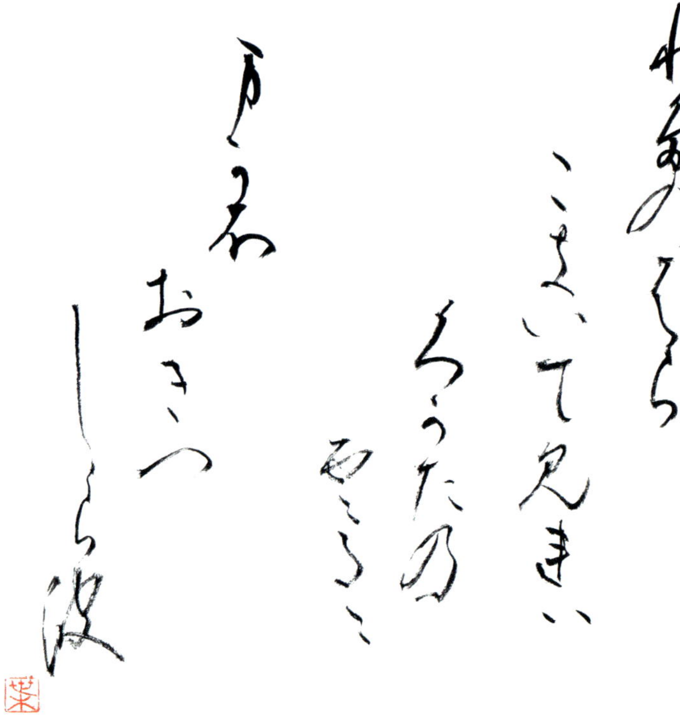

わたの原
Watanohara
漕ぎ出でて見れば
Kogiidetemireba
ひさかたの
Hisakatano
雲居にまがふ
Kumoinimagau
沖つ白波
Okitsushiranami

歌意

大海原に
船を漕ぎ出し眺めると、
大空の雲と見分けがつかぬほどに、
白波が沖に
立っていることです。

summary

On rowing out onto the open sea,
I find the waves, all capped with white,
Rolling outwards, as if they are like white clouds
Floating in the blue sky.

五五

大納言公任

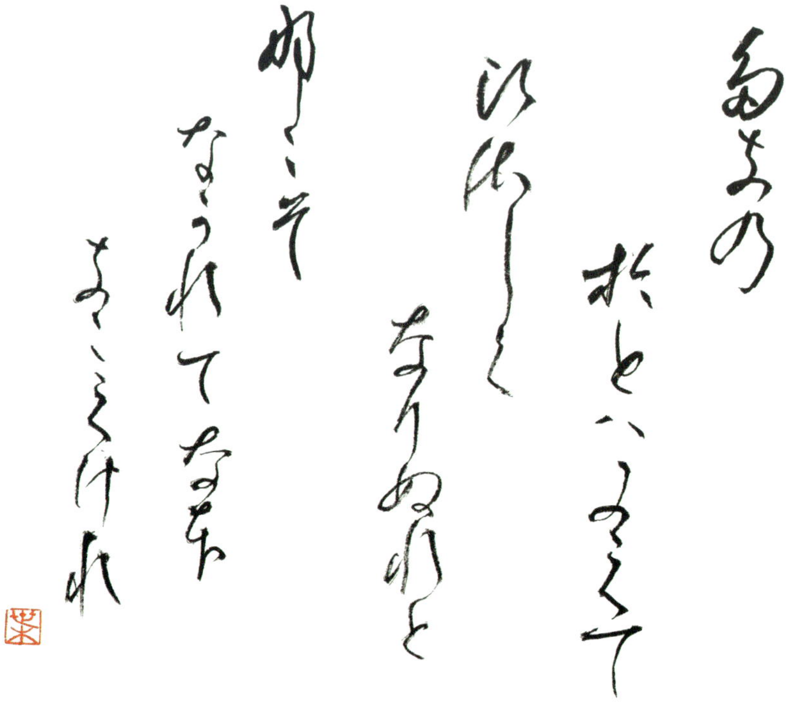

滝の音は
Takinootoha
絶えて久しく
Taetehisashiku
なりぬれど
Narinuredo
名こそ流れて
Nakosonagarete
なほ聞こえけれ
Naokikoekere

歌意

滝が涸れ、流れの音も
聞こえなくなって久しいが、
それでも尚いまだに
滝の名声だけは、
聞こえてきますよ。

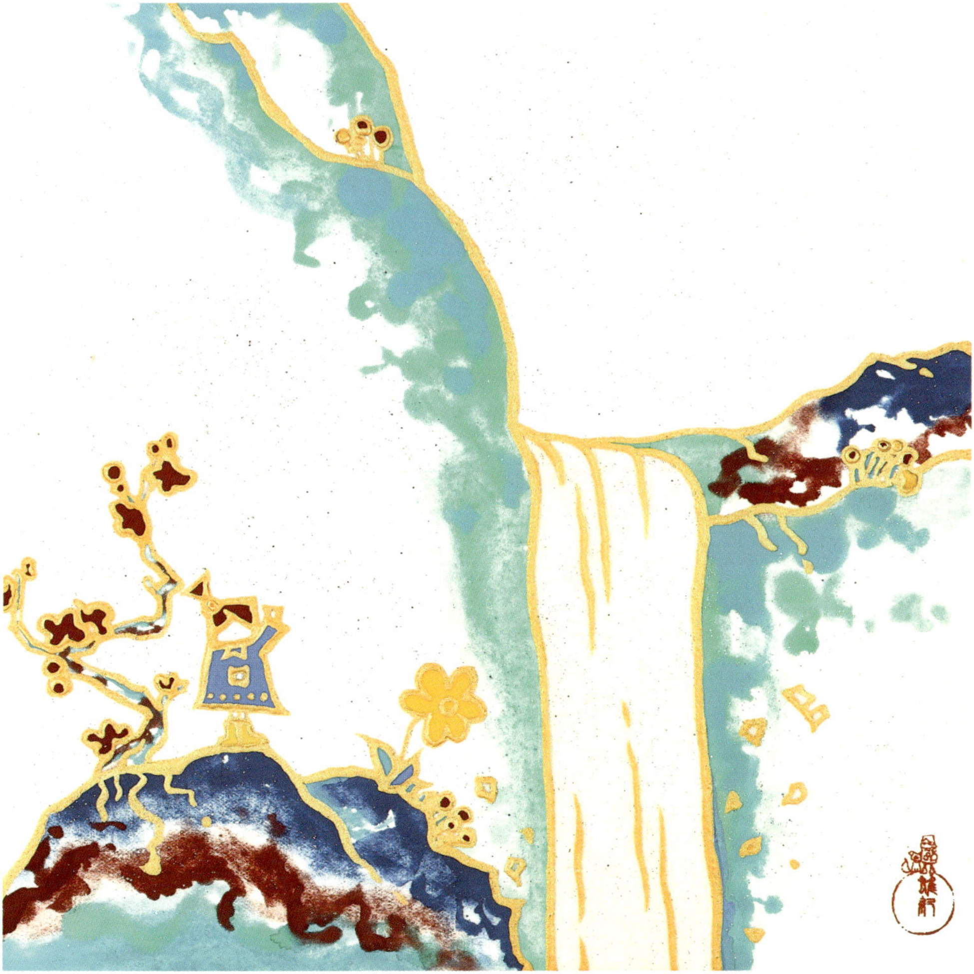

summary

Many many years have passed
Since the waterfall ran dry.
But still now the fame of the waterfall
Never fades away.

一〇〇 ❖ 順徳院

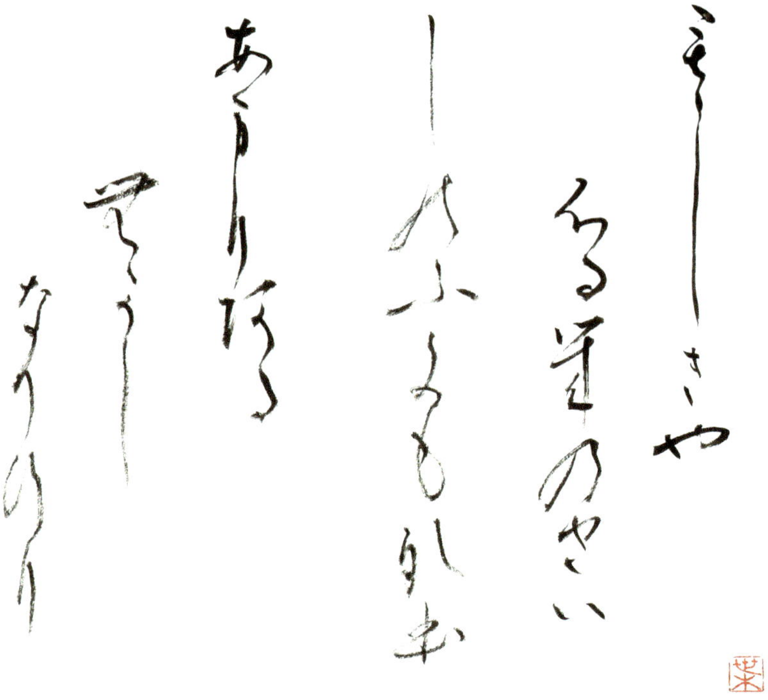

ももしきや
Momoshikiya
古き軒端の
Furukinokibano
しのぶにも
Shinobunimo
なほあまりある
Naoamariaru
昔なりけり
Mukashinarikeri

歌意

宮中の古びた軒端に、
被い茂る忍び草を
眺めていると、
忍び尽くせぬ愛しき、
古き良き時代が思い出される。

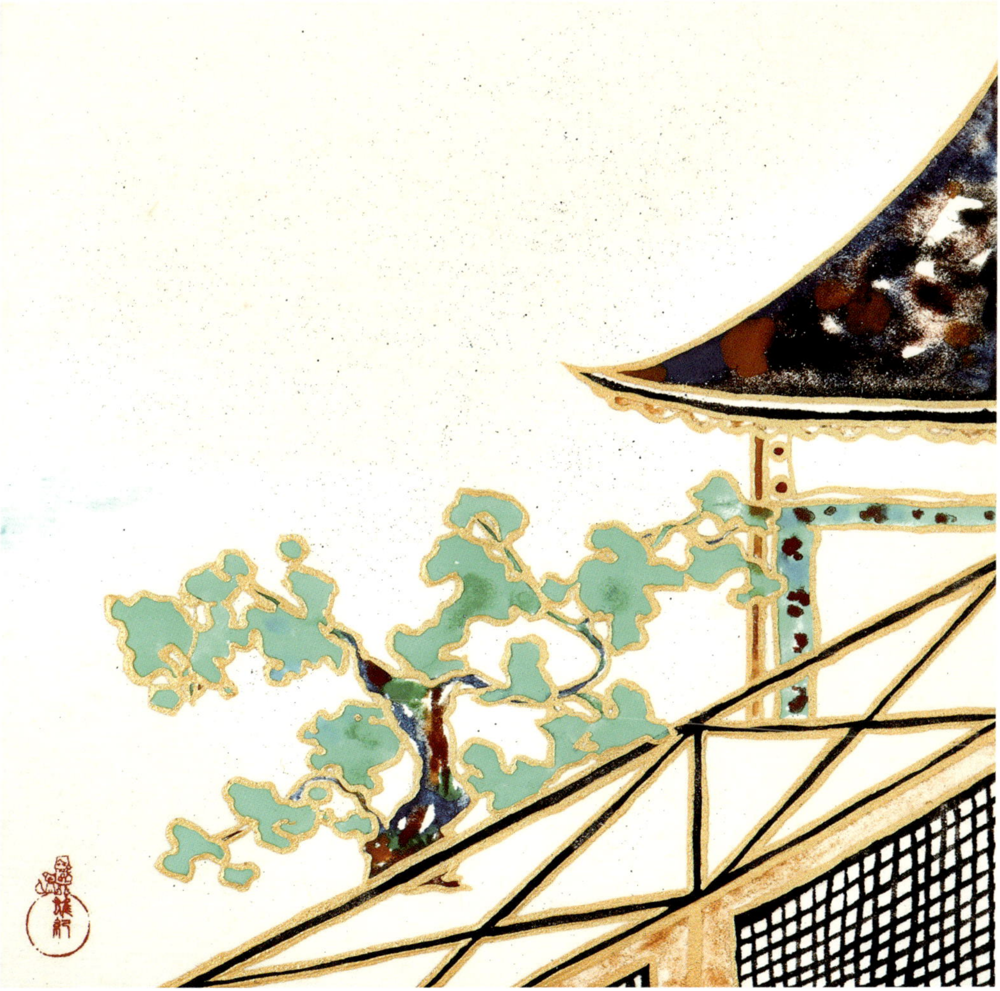

summary

Whenever I watch vines creeping
Over the old eaves of my ancient Palace,
It is too sad for me to call the past,
Since old days are much too brilliant.

あとがき

最後になりましたが、本書の作成にあたりまして、左記の皆様に感謝申し上げます。視覚に訴える「あそび」のイメージを持った絵画を作成してくださった現代日本画家の古家野雄紀氏、かな文字の優美さを現代人に伝わるように表記してくださった女流書家の川村竹葉氏、それから、「百人一首」という日本独特の詩歌を、外国の方が理解しやすいように英訳してくださった富田光明氏、そして全体をあたかも絵画のように美しくデザインしてくださったサヤメタクミ氏、皆様のご協力に深く感謝いたします。最後に本書の出版を快諾し、ご協力頂きました愛育出版の伊東英夫氏にも深謝申し上げます。

編著　富田美知子
デジタルハリウッド大学 准教授
デジタルハリウッド大学 日本語教育研究センター長

英文執筆　富田光明
作新学院大学　名誉教授
現在：東京九段耀画廊　画廊主
（校閲　Cole Norton　米国水墨画作家）

書　川村竹葉
女流書家（日展入選）盛岡大学勤務
日本書芸院一科審査会員・読売書法会幹事

画　古家野雄紀
東京藝術大学美術学部絵画科日本画専攻卒業
現在　東京藝術大学大学院修士課程デザイン科描画・装飾研究室
二〇一七年「公益財団法人佐藤国際文化育英財団（佐藤美術館）第二七期奨学生」

編集・ブックデザイン　サヤメタクミ

印刷　小宮山印刷工業株式会社

発行　二〇一八年二月二十日　初版

発行所　愛育出版
〒一一六-〇〇一四　東京都荒川区東日暮里五-五-九
電話　〇三-五六〇四-九四三一

参考文献
1・『原色　小倉百人一首』　鈴木日出男・山口慎一・依田秦　共著
2・A Hundred Verses from Old Japan : William N. Porter (Tuttle Publishing, Tokyo, 1979)
3・ONE Hundred Poems from the Japanese ; Kenneth Rexroth, (A New Directions Paperbook, 1964)

ISBN978-4-909080-37-0 C1092